Klaudia Kuchtová

ZHODNOTENIE A VÝZNAM GAIOVÝCH INŠTITÚCIÍ

2018

Názov | Zhodnotenie a význam Gaiových Inštitúcií
Autor | Klaudia Kuchtová

Prvé vydanie

ISBN 978-0-244-67168-6

OBSAH

ZOZNAM SKRATIEK

BCapVr, Cod. XV	Biblioteca Capitolare di Verona, Codice XV
C.Th.	Codex Theodosianus
Coll.	Collatio legum Romanarum et Mosaicarum
Const. Imperatoriam	Constitutio Imperatoriam
Const. Omnem	Constitutio Omnem
D.	Digesta
Inst.	Gai Institutionum commentarii quattuor
P. Oxy.	Papyrus Oxyrhynchus
porov.	porovnaj

ÚVOD

Gaiove Inštitúcie sú významným dielom rímskoprávnych dejín nielen preto, že sa uchovalo, až na niektoré medzery, takmer v celku, ale aj preto, že Gaius zhotovil zhrnutie rímskeho súkromného práva umožňujúce ľahkú orientáciu. Kto vlastne bol Gaius? Aké správy sa nám o ňom dochovali? V čom môžeme pokladať *Gai Institutionum commentarii quattuor* (Štyri komentáre Gaiových Inštitúcií) za hodnotné? Aj na tieto otázky sme sa pokúsili v našej práci odpovedať.

K výberu predkladanej témy nás viedli viaceré dôvody. Tému sme si zvolili preto, lebo na Slovensku sa venuje málo pozornosti Gaiovým Inštitúciám a doposiaľ neexistuje ani ich slovenský preklad. Ďalším dôvodom je náš osobný záujem o históriu a súčasnosť Ríma a Talianska.

Pri metóde nášho výskumu sme začali informačným prieskumom ohľadne problematiky v oblasti rímskeho práva pomocou knižničných systémov a internetu, čím sme získali prehľad a informácie zamerané na danú tému. Následne sme zhodnotili pramene a literatúru a vytýčili sme si hlavné hľadiská práce a predpokladaný plán práce.

Vzhľadom na to, že na Slovensku nie je dostupná literatúra na danú problematiku, pri písaní práce sme sa odvolávali hlavne na diela talianskych autorov. Brali sme do úvahy aj diela písané v anglickom jazyku, prípadne francúzskom, poľskom a českom jazyku. Danej problematike sa venoval v Čechách Jaroslav Kincl, ktorý preložil dielo *Institutiones* z latinského jazyka do českého jazyka. Na Slovensku zatiaľ nemáme preklad tejto latinskej učebnice práva.

Hlavným cieľom knihy je podať stručný úvod do významného diela rímskeho práva, ktorým sú Gaiove Inštitúcie. Možno tak, ako samotný Gaius predkladal svoje dielo ako pedagogickú príručku, učebný text, ktorého cieľom bolo uviesť čitateľov do problematiky a pripraviť ich pre sústavnejšie štúdium, je aj táto predkladaná kniha akýmsi uvedením do následného hlbšieho štúdia nielen osoby právnika Gaia, ale aj jeho významného diela. Kniha môže slúžiť ako študijná pomôcka.

Predkladané dielo práca je rozdelené na dve časti. V prvej časti sme sa zaoberali osobou rímskeho právnika Gaia a historickým prierezom dejín Gaiových Inštitúcií, veľmi stručne štýlom a štruktúrou diela a na záver jeho prínosom pre právnickú vedu. A to bolo zároveň aj cieľom prvej časti.

V druhej časti pri analýze obsahu Inštitúcií, rozdelenej podľa základnej schémy *personae-res-actiones*, sme vychádzali priamo zo samotnej učebnice rímskeho práva, miestami doplnenej o odbornú literatúru autorov zaoberajúcich sa rímskym právom. Vzhľadom na rozsah práce sme sa niektorým pojmom, definíciám a vysvetleniam v Gaiových Inštitúciách venovali v menšej miere.

1 GAIUS A JEHO DIELO

Skôr ako prejdeme k samotnej analýze Gaiových Inštitúcií, stručne si povieme o živote Gaia a aj o osude jeho diela, Inštitúciách, o ich názve, štruktúre a štýle. Bezpochyby žiaden rímsky právnik nespôsoboval toľko kontroverzných hypotéz ako Gaius.[1] Napríklad **Honoré** pokladá Gaia za duchovného otca justiniánskej kodifikácie.[2] **Kelly** načrtol vplyv Gaia cez stredovek po novovek a usúdil, že „gaianizmus" je jeden z kľúčových bodov „subštruktúry spoločenského myslenia".[3] **Anna Maria Giomaro** mala nejaké pochybnosti o skutočnej Gaiovej existencii.[4] Sú mnohé hypotézy v prospech či neprospech právnika Gaia, ale my sa prikláňame k jeho reálnej existencii, a preto sme následne stručne načrtli Gaiov život a osudy jeho diela spolu s jeho prínosom pre právnickú vedu.

---

[1] Porov. STANOJEVIĆ, O. Gaius and Pomponius: Notes on David Pugsley. In: *Revue internationale des droits de l'antiquité.* 3ᵉ Série, Tome XLIV, 1997, s. 336. [cit. 2018- 02- 26]. Dostupné na: <http://local.droit.ulg.ac.be/sa/rida/file/1997/sta nojevic.pdf>.
[2] HONORÉ, T. *Tribonian.* London : Duckworth & Co, 1978, s. 130. In: STANOJEVIĆ, O. Gaius and Pomponius: Notes on David Pugsley. 1997, s. 336.
[3] KELLY, D. R. Gaius noster – Substructure of Western Social Thought. In: *The American Historical Review.* Vol. 84, n. 3, Oxford University Press ,1979, s. 609 – 648.
[4] GIOMARO, A. M. *Spunti per una lettura critica di Gaius Institutiones.* Vol. II. Urbino : Quattro venti, 1995, s. 11: „...*quando si accede all'opinione della sua reale esistenza.*" (...keď sa pristúpi k názoru o jeho reálnej existencii).

1.1 Život právnika Gaia

O Gaiovi je neznáme takmer všetko, jeho *nomen gentilitium* a jeho *cognomen*, neznámy jej aj jeho pôvod a jeho štúdiá.[5] Veľmi bežné rímske meno Gaius je iba jeho vlastné meno alebo *praenomen*.[6]

Aj údaje o jeho narodení a smrti sú dosť nejasné. Narodil sa pravdepodobne niekedy za panovania cisára Hadriána (vládol v rokoch 117 – 138) alebo snáď za jeho predchodcu Traiána a zomrel niekedy krátko po roku 178 po Kr.[7] Historik **Theodor Mommsen** prišiel s hypotézou, že Gaius pochádzal z východnej (gréckej) provincie rímskej ríše. Podľa neho rodným mestom Gaia bol Troas. Moderná romanistika sa prikláňa k názoru, že Gaius pôsobil v Ríme.

Gaius bol slávnym učiteľom práva z 2. storočia pred Kr.. Prednášal v rokoch 160/1 a ešte žil v roku 178. Niektoré slovné spojenia v jeho práci znejú, ako keby písal v Ríme; iné body v nejakej východnej provincii. Gaius, ktorý hovoril o škole Masuria Sabina a o Gaiovi Cassiovi Longinovi ako o svojich učiteľoch (*nostri praeceptores*), získal svoje právnické vzdelanie v Ríme, ale vyučoval a písal hlavne na východe – Berytus (dnešný Bejrút), ktorý bol od čias Augusta rímskou kolóniou. Gaius je

---

[5] Porov. CONTE, G. B. *Letteratura latina: Manuale storico dalle origini alla fine dell'Impero romano*. Firenze : Le Monnier, 1987, s. 438.
[6] Rimania mali tri mená: *praenomen* (krstné meno), *nomen gentile* (rodové meno) a jedno alebo dve *cognomen*. Napríklad Marcus (*praenomen*) Tullius (*nomen gentile*) Cicero (*cognomen*).
[7] SKŘEJPEK, M. Úvodem. In: GAIUS. *Učebnice práva ve čtyřech knihách*. [preklad Jaromír Kincl]. Plzeň : Aleš Čeněk, 2007, s. 6.

známy vďaka svojim Inštitúciám, učebnici pre študentov práva, ktoré odovzdal v roku 160 – 161, ale pravdepodobne ich sám nevydal.[8]

Je pravdepodobné, že Gaius nepatril vo svojej dobe medzi významných právnikov a venoval sa skôr pedagogickej činnosti. Gaius sa stal v nasledujúcich storočiach obľúbeným, pretože jeho štýl bol veľmi jednoduchý a prístupne písaný, pričom si všímal iba zásadné problémy. Komplikovaným otázkam sa nevenoval, čo vyhovovalo úpadkovému obdobiu 3. a 4. storočia.[9]

Jeho najznámejším dielom je *Gai Institutionum commentarii quattuor* (Štyri komentáre Gaiových Inštitúcií), ktoré sú zostavené ako učebnica rímskeho súkromného práva. K ďalším jeho dielam patrí:

1. *Res cottidianes sive aurea* (Každodenné právo alebo zlaté právne pravidlá) (7 kníh)
2. *Libri ex Q. Mucio* (Knihy z Quinta Mucia)
3. komentár k Zákonu XII tabúľ *Ad legem XII tabularum* (šesť kníh)
4. *Libri ad edictum praetoris urbani* (10 kníh)
5. *Libri ad edictum provinciale* (30 kníh)
6. *Libri ad edictum aedilium curulium* (2 knihy)
7. komentáre *lex Iulia et Papia* (15)
8. komentáre k *lex Glitia* (1)

---

[8] Porov. HONORÉ, T. Gaius (2), Roman jurist. *Oxford Classical Dictionary.* [cit. 2018- 03- 05]. Dostupné na: <http://classics.oxfordre.com/view/10.1093/acrefore/9780199381135.001.0001/acrefore-9780199381135-e-2773>.
[9] Porov. KINCL, J. Gaius a jeho učebnice práva. In: GAIUS. *Učebnice práva ve čtyřech knihách.* 2007, s. 15.

9. komentár k senatuconsultu *Orfitianum a Tertulianum* (1)

10. *De fideicommissis* (2 knihy)

11. *Liber singularis de tacitis fideicommissis* (1 kniha)

12. *De manumissionibus* (3 knihy)

13. *De verborum obligationibus* (3 knihy)

14. *De verborum obligationibus* (3 knihy)

15. *Dotalicion* (1 kniha)

16. *De formula hypothecaria* (1 kniha)

17. *De casibus* (1 kniha)

V justiniánskych Digestách sa nachádza 535 fragmentov z Gaiových spisov.[10]

Hoci toho vieme málo o Gaiovi a jeho život je zahalený mnohými tajomstvami, predsa zaujíma osobitné miesto medzi klasickými rímskymi právnikmi. Po tejto stručnej Gaiovej biografii prejdeme k jeho konkrétnemu dielu, ktorým sú *Gai Institutionum commentarii quattuor* (Štyri komentáre Gaiových Inštitúcií).

---

[10] Porov. BLAHO, P. – HARAMIA, I. – ŽIDLICKÁ, M. *Základy rímskeho práva*. Bratislava : Manz a Vydavateľské oddelenie Právnickej fakulty UK, 1997, s. 57 – 58; porov. tiež KUNDEREWICZ, C. Wstep. In: GAIUS. *Instytucje* (prel. C. Kunderewicz). Warszawa : Państwowe Wydawnictwo Naukowe, 1982, s. 7.

1.2 Osudy Gaiovho diela

„Gaiove Inštitúcie neboli objavené len tak náhodou, nejakým sviatočným výskumníkom."[11] Objav tohto diela sa spája s menom nemeckého historika Bartholda Georga **Niebuhra**.[12]

Avšak predtým, ako sa dostaneme k samotnému historicky veľmi dôležitému objavu Gaiových Inštitúcií, načrtneme si stručný prierez dejinami tohto diela.

1.2.1 Od vzniku po objavenie v roku 1816

Gaius napísal svoje dielo pravdepodobne medzi rokmi 130 – 180 pred Kr. Vo svojej dobe však Gaius nebol docenený.

Z objavu v roku 1927 (pozri 1.2.2) vieme, že Inštitúcie boli známe v Egypte už v 3. storočí.[13] Na prelome 3. a 4. storočia ich používal autor učebnice, ktorá sa pripisuje Ulpiánovi, nazývanej *Liber singularis regularum,* alebo tiež *Tituli ex corpore Ulpiani*, a v 4. storočí – autor zbierky pod názvom *Collatio legum Romanarum et Mosaicarum*.[14] V roku 426 bol Gaius započítaný do skupiny piatich právnikov v citačnom

---

[11] GARRÉ, R. „Naturalmente un manoscritto": Scoperte, riscoperte, scopritori nella storia del diritto romano. In: DE BIASIO, G . – FOGLIA, A. – GARRÉ, R. – MANETTI, S. (ed.). *Un inquieto ricercare: Scritti offerti a Pio Caroni.* Bellinzona : Edizioni Casagrande SA, 2004, s. 356.

[12] Porov. GARRÉ, R. „Naturalmente un manoscritto". Scoperte, riscoperte, scopritori nella storia del diritto romano. 2004, s. 358; porov. tiež NELSON, H. L. W. *Überlieferung, Aufbau und Stil von Gai Institutiones.* Leiden : Brill, 1981.

[13] Porov. P. Oxy. XVII, 2103. Fragment možno nájsť na: <http://www.papyrology.ox.ac.uk> .

[14] Coll. 16,2,1-17 = G. 3,1,-17.

zákone cisárov Teodózia II. a Valentiniána III.[15] Za čias Justiniána sa Gaius stal autoritou, dokonca samotný cisár ho poctil menom *Gaius noster*.[16] Gaiove Inštitúcie sa stali vzorom pre učebnicu, ktorú vypracovali kodifikátori (Justiniánske Inštitúcie). V nej sa niekoľkokrát opakovali Gaiove formulácie. V inej časti justiniánskej kodifikácie – Digestách – je uverejnených len 15 fragmentov pochádzajúcich z Gaiovej učebnice.[17] Všetky fragmenty, v ktorých Gaius opisoval starobylé právne inštitúcie, dôsledne odstránili kompilátori. Prestali sa pripravovať nové rukopisné vydania jeho prác a existujúce exempláre boli zničené alebo sa použili ako materiál na písanie iných textov. Od 7. storočia do začiatku 19. storočia Gaiove Inštitúcie boli známe len z fragmentov v Digestách, v *Collatio legum Romanarum et Mosaicarum* a *Epitome Gai* a tiež z nepočetných citátov zahrnutých v literárnych dielach (Prisciána, Boetia, Izidora atď.).[18]

Treba však poznamenať, že už v roku **1713** taliansky polyhistor **Scipione Maffei** narazil v Kapitulskej knižnici vo Verone na fragment právnického diela na pergamenovom papieri. Napriek tomu, že v roku 1721 a 1732 podal o svojom objave informácie a v roku 1742 fragment publikoval, zostal bez povšimnutia, pretože text bol pokladaný za komentár

---

[15] C.Th. 1.4.3.
[16] Porov. Const. *Imperatoriam* 6; Const. *Omnem* 1; I.4,18,5; D. 45,3,39.
[17] D.1,1,9; 1,5,1; 1,5,3; 1,5,6; 1,6,1; 1,6,3; 1,7,2; 1,7,28; 1,8,1; 26,4,7; 28,1,4; 28,3,13; 41,1,10; 41,3,37; 44,7,2.
[18] Porov. ZABŁOCKA, M. Czy w okresie renesansu znano Instytucje Gaiusa? In: *Studia iuridica* 37, 1999. Warszawa : Wydawnictwa Uniwersytetu Warszawskiego, s. 184 – 185.

k justiniánskym Inštitúciám.[19] Až na začiatku 19. storočia vyšlo najavo, že Maffei mal pravdu, ale vtedy bol svet užasnutý objavom nemeckého historika Niebuhra.[20]

1.2.2 Objavenie Gaiových Inštitúcií

V júli **1816** prišiel Niebuhr z Berlína do Ríma, kde bol vymenovaný pruským veľvyslancom vo Vatikáne. Využil toto presťahovanie na to, aby sa venoval okrem iného aj štúdiu a archívnym výskumom tak pre seba, ako aj pre Pruskú akadémiu vied. Niebuhr sa zastavil na začiatku septembra na dva dni vo veronskej kapitulskej knižnici.[21] Už 4. septembra 1816 napísal Niebuhr Savignymu o trojakom objave, z ktorého najdôležitejší sa týkal celého palimpsestu alebo *codex rescriptus,*[22] známeho ako *Veronensis 13,* ktorý zjavne skrýval pod textom listov sv. Hieronyma oveľa staršia text s právnickým obsahom.[23] V tej chvíli

---

[19] Porov. ROZWADOWSKI, W. Gaius i jego dzielo. In: *Gai, Istitutiones. Instytucje Gaiusa – Tekst i przekład.* [Preklad] Opracowanie z języka łacińskiego przełożył, wstępem i uwagami opatrzył Władysław Rozwadowski. Poznań: Ars boni et aequi, 2003, s. 15.
[20] Porov KINCL, J. Gaius a jeho učebnice práva. In: GAIUS. *Učebnice práva ve čtyřech knihách.* 2007, s. 22 – 23.
[21] Verona, Biblioteca Capitolare.
[22] Zmienky o jeho objave sa nachádzajú v listoch, ktoré sú zozbierané do jedného diela: *The life and the letters of Barthold George Niebuhr with essays on his character and influence.* By The Chevalier Bundem, Professors Brandis and Locbell. New York : Harper and Brothers, 1852. Objavu veronského palimpsestu sa venovala CRISTINA VANO v knihe *„Il nostro autentico Gaius": Strategie della scuola storica alle origini della romanistica moderna.* Napoli : Editoriale scientifica, 2000.
[23] V staroveku sa vzhľadom na vysokú cenu pergamenov zvykli recyklovať antické rukopisy, aby na ne mohli vložiť nový obsah. V prípade veronského kódexu bol text Gaiových Inštitúcií zmazaný v 8. st. po Kr., aby urobil miesto

si hneď neuvedomoval, o čo ide, ale bol šťastný, že mohol informovať svojho priateľa o svojom objave. Najprv sa domnieval, že ide o spis Ulpiána. Nemal však pri sebe všetky chemické reagenty, aby vyniesol na svetlo *scriptura prior*. V liste Savignymu[24] pripojil prepisy a kópie fragmentov. Savigny ihneď pochopil, že za tými listami sa skrýva niečo dôležité.[25]

Objavu sa zmocnila Berlínska akadémia, ktorej hlavným členom bol práve spomínaný Savigny. Ten poslal profesorov Beckera a Göschena, aby dešifrovali slávny palimpsest. K nim sa ďalej pridal Bethmann-Hollweg a prvé vydanie štyroch Gaiových Komentárov uvidelo svetlo sveta v Berlíne už roku 1820.[26]

Apographum od G. Studemunda z roku 1874 (*Gaii Institutionum commentarii quattuor codicis Veronensis denuo collati, apographum confecit et iussu Academiae regiae scientiarum Berolinensis edidit Guilelmus Studemund*, Osnabrueck, 1965, nové vydanie ed. Lipsiae 1874), s opravami z roku 1884 vloženými do I zv. *Collectio librorum iuris anteiustiniani* z Berlína (*Supplementa ad codicis Veronensis apographum Studemundianum composuit Guilelmus Studemund*), tvorí text, ktorý prevažne používajú vedci. Edícia Baviera II. zv. *Fontes iuris romani anteiustiniani* reprodukuje

---

listom sv. Hieronyma. Avšak pôvodné písmo nebolo úplne zbrúsené, zostali po ňom nejaké stopy.

[24] List zo 4. septembra 1816 Savignymu. In: *The life and the letters of Barthold George Niebuhr with essays on his character and influence.* 1852, s. 319 – 321.

[25] Porov. GARRÉ, R. „Naturalmente un manoscritto". Scoperte, riscoperte, scopritori nella storia del diritto romano. 2004, s. 358.

[26] Porov. DE SAVIGNY, F. C. *La vocazione del nostro secolo per la legislazione e la giurisprudenza.* Verona : Libreria alla Minerva Editrice, 1857, s. 53.

VII. edíciu Kruegera a Studemunda obsiahnutú v I. zv. *Collectio librorum iuris anteiustiniani*, Berolini, 1923 (I ed. 1884), založenú na *apographum* Studemunda.

Po *editio princeps* od Göschena v roku 1820 (*Gaii Institutionum Commentarii IV e codice rescripto Bibliothecae Capitularis Veronensis auspiciis Regiae Scientiarum Academiae Borussicae nunc primum editi*, Berolini, 1820) a druhej edícii Bluhmeho[27] a Göeschena v roku 1824 (*Gaii Institutionum Commentarii IV e codice rescripto Bibliothecae Capitularis Veronensis a Frid. Bluhmio iterum collato, secundum edidit Io. Frid. Lud. Goeschen*, Berolini, 1824), fotografická reprodukcia celého kódexu (Lipsko : Hiersermann, 1909) (*ex Officina Danesi, Romae*, 1909), teraz už dosť zriedkavá a mnohí vedci ju dokonca nikdy nevideli, predstavuje text už na začiatku 20. storočia v mnohých bodoch veľmi ťažký.[28] V súčasnosti je *Gai codex rescriptus* konečne k dispozícii v perfektnej fotografickej reprodukcii.[29] Na jej realizáciu boli použité najnovšie nástroje na

---

[27] Varvaro rekonštruovala históriu dešifrovania veronského palimpsestu Gaiových Inštitúcií (BCapVr, Cod. XV) Friedrichom Bluhmem. VARVARO, M. *La revisione del palinsesto veronese delle Istituzioni di Gaio e le schede di Bluhme*. Estratto dagli Annali del seminario giuridico dell'università degli studi di Palermo, volume LVII. Torino : G. Giapiccheli, 2014, s. 387 – 438. [cit. 2018- 03- 05]. Dostupné na: <http://www1.unipa.it/~dipstdir/pub/ annali/ANNALI%202014/Varvaro_Gaio.pdf>.

[28] PURPURA, G. Un percorso di ricerca, Tavola rotonda 'Gaio ritrovato: le „pagine scomparse" nel Codice Veronese delle *Institutiones*', Bologna, 20 giugno 2006, *Minima Epigraphica Et Papyrologica* (MEP), X, 12, 2007 (pubbl. 2008). [cit. 2018-02-26]. Dostupné na: <http://www.unipa.it/dipstdir/portale/ARTICOLI%20PURPURA/Un%20per corso%20di%20ricerca%20Seminario%20Gaio%20Bologna.doc>.

[29] BRIGUGLIO, F. *Gai codex rescriptus in Bibliotheca Capitulari Ecclesiae Cathedralis Veronensis Photographice iterum*. Firenze : Leo S. Olschi, 2012.

digitálne získavanie a spracovanie.

Najstaršie tri fragmenty Inštitúcií boli objavené v roku 1927 v egyptskom meste Oxyrhinchos. Pochádzajú už z polovice 3. storočia. Ďalší objav, týkajúci sa tohto diela, sa udial v roku 1933. Našli sa totiž ďalšie strany a mnoho fragmentov Gaiových Inštitúcií na jednom egyptskom pergamene z konca 4. alebo začiatku 5. storočia.[30] Pokladá sa to za veľký objav, lebo dopĺňa medzery známeho veronského palimpsestu, pochádzajúceho rovnako z 5. storočia, ktorý objavil Niebuhr.[31] Tento pergamen sa nachádza vo Florencii (*Gaius Florentinus*).

1.3 Názov, štruktúra a štýl Inštitúcií

Názov *Institutiones* sa etymologicky odvodzuje od slovesa „instituere", čo znamená „vzdelávať", „učiť". V latinčine „institutio" – z čoho pochádza akuzatív *institutionem* – je podstatné meno odvodené od slovesa *instituer*. Toto sloveso, vytvorené z *in* a *statuere* malo význam klásť, umiestniť dovnútra alebo usadiť.[32]

Dielo Inštitúcie sa skladá zo štyroch kníh, ktoré sa nazývajú komentáre. V prvej knihe, po krátkom úvode o prameňoch práva, je obsiahnutá schéma, podľa ktorej Gaius

---

[30] Porov. COPPOLA, G. *Scritti papirologici e filologici*. A cura di MARAGLINO, V. – prefazione di CANFORA, L. Bari: Edizioni Dedalo, 2006, s. 49; tiež porov. ROZWADOWSKI, W. Gaius i jego dzielo. In: *Gai, Istitutiones. Instytucje Gaiusa - Tekst i przekład*. 2003, s. 15.

[31] Porov. COPPOLA, G. *Scritti papirologici e filologici*. 2006, s. 49.

[32] Porov. ROZWADOWSKI, W. Gaius i jego dzielo. In: *Gai, Istitutiones. Instytucje Gaiusa - Tekst i przekład*. 2003, s. 13.

rozdelil právo na právo osôb, vecí a žalôb. V prvej knihe Gaius rozoberal ius *quod ad personas pertinet.* V druhej a tretej knihe sa venoval výkladu o majetkovom práve, *ius quod ad res pertinet.* A v poslednej z kníh analyzoval *ius quod ad actiones pertinet.*[33] Gaiove Inštitúcie sú vlastne úvodom do štúdia súkromného práva

Na jednej strane sú niektorí autori, ktorí tvrdia, že Gaiove Inštitúcie sú napísané vynikajúcim štýlom, jednoduchou, čistou, veľmi presnou latinčinou. Jeho reč je jasná, zrozumiteľná, blízka hovorenému slovu, plynie zvoľna a prehľadne. Gaius bol sčítaný, zaoberal sa veľmi intenzívne právnickou literatúrou. Na druhej strane sú však takí, ktorí tvrdia opak a nešetria Gaia veľkej kritiky, ani čo sa týka obsahu Inštitúcií. Podľa Kincla Gaius bol druhoradým alebo treťoradým právnikom, typický eklektik, nie originálny mysliteľ, zároveň však mohol byť vynikajúcim pedagógom.[34] Dokonca aj tí, ktorí Gaia nepokladajú za originálneho, pripúšťajú, že jeho latinčina je výborná a jeho zrozumiteľnosť a jasnosť neprekonaná.[35]

Na jedno však netreba zabúdať, že Gaius napísal pedagogickú príručku, učebný text, ktorého cieľom bolo uviesť čitateľov do problematiky a pripraviť ich pre intenzívnejšie a hlbšie štúdium. Tento cieľ Inštitúcie naplnili aj tristo rokov po svojom vzniku. Pri porovnaní s textom justiniánskych Inštitúcií

---

[33] GAIUS. *Inst.* 1,8; porov. KINCL, J. Gaius a jeho učebnice práva. In: GAIUS. *Učebnice práva ve čtyřech knihách.* 2007, s. 24.
[34] Porov. KINCL, J. Gaius a jeho učebnice práva. In: GAIUS. *Učebnice práva ve čtyřech knihách.* 2007, s. 28 – 30.
[35] BONFANTE, P. *Histoire du droit romain.* Paris : Librairie du recueil Sirey, 1928, s. 441 – 442. STANOJEVIĆ, O. Gaius and Pomponius: Notes on David Pugsley. 1997, s. 345.

zistíme, že pedagógovia poverení Justiniánom menili na Gaiovej predlohe relatívne málo.[36]

1.4 Gaiov prínos pre právnickú vedu

Sú rôzne názory na Gaiov prínos pre právnickú vedu. Zdá sa, že Gaiove Inštitúcie majú pre právnickú literatúru takú istú dôležitosť, akú malo niekoľko desaťročí pred ním Quintilianovo *Institutio* pre rečnícke umenie.[37]

„Gaius rozhodne prispel k vyučovacím metódam, k pedagogickej literatúre a k umeniu klasifikácie.''[38] Vyznačoval sa systematickým talentom a schopnosťou pri vývoji klasifikácií a definícií právnických pojmov. V tomto je jeho prínos pre právo trvalý, a to tak v oblasti pozitívneho práva, ako aj v oblasti filozofie práva.

Napriek tomu sa nájdu aj takí autori, ktorí obvinili Gaia z plagiátorstva. Gaius bol podľa niektorých autorov „typickým učiteľom'', ktorého Inštitúcie nie sú ničím iným než „poznámkami prednášok'',[39] „ktorý nie je obdarený nijakými vynikajúcimi talentami'', „bez vedeckej hodnoty'',[40] autorom bez

---

[36] Porov. KINCL, J. Gaius a jeho učebnice práva. In: GAIUS. *Učebnice práva ve čtyřech knihách.* 2007, s. 32.
[37] Porov. CONTE, G. B. *Letteratura latina.* 1987, s. 439.
[38] HONORÉ, A. M. *Gaius: A Biography.* Oxford : Oxford University Press, 1962, XVIII.
[39] SCHULZ, F. *History of Roman Legal Science.* Oxford : Clarendon Press, 1953, s. 163 – 164. STANOJEVIĆ, O. Gaius and Pomponius: Notes on David Pugsley. 1997, s. 342.
[40] ARANGIO-RUIZ, V. *Storia del diritto romano.* Napoli : Casa Editrice Eugenio Jovene, 1966, s. 287 – 288; STANOJEVIĆ, O. Gaius and Pomponius:

originality. Podľa iného autora prevzal svoj systém Inštitúcií (*personae-res-actiones*) od iného právnika, možno od Pomponia.[41] **Robbe** sa domnieva, že Inštitúcie nie sú ničím iným než prepracovaním učebnice, ktorú používali Sabiniáni už dlhú dobu.[42]

Naopak **Stanojević** sa domieva, že Gaiov prínos pre teóriu práva s jeho klasifikáciami a definíciami je dôležitejší než prínos iného rímskeho právnika. Prvý systém v histórii práva, systém *personae-res-actiones*, vydržal po stáročia a môžeme ho nájsť takmer vo všetkých moderných kodifikáciách.[43]

Gaius bol tiež otcom klasického rozdelenia medzi kontraktom a deliktom.[44] Gaius ako prvý rozdelil veci na telesné, ktorých sa dá dotknúť a netelesné, ktorých sa nedá dotknúť.[45] Vo svojom opise žalôb Gaius rozlišoval medzi žalobami *in personam* a žalobami *in rem*.

Gaius, ovplyvnený Aristotelovými filozofickými prácami a možno aj stoickým učením, rozdelil právo na „prirodzené"

Notes on David Pugsley. 1997, s. 342.

[41] KRÜGER, P. *Geschichte der Quellen des römischen Rechts*. 2nd ed. Leipzig, 1912, s. 201. In: STANOJEVIĆ, O. Gaius and Pomponius: Notes on David Pugsley. 1997, s. 342.

[42] ROBBE, U. Gaio nel suo tempo. In: *Atti del simposio romanistico*. Napoli : Jovene, 1966, s. 114 – 115. In: STANOJEVIĆ, O. Gaius and Pomponius: Notes on David Pugsley. 1997, s. 342.

[43] GAIUS. *Inst.* 1,8; STANOJEVIĆ, O. Gaius and Pomponius: Notes on David Pugsley. 1997, s. 342; HONORÉ, A. M. *Gaius: A Biography*. Oxford: Oxford University Press, 1962, s. 113.

[44] STANOJEVIĆ, O. Gaius and Pomponius: Notes on David Pugsley. 1997, s. 343; HONORÉ, A. M. *Gaius: A Biography*. 1962. s. 98 – 104.

[45] SEAGLE, W. *Men of Law: From Hammurabi to Holmes, „Gaius."* New York: Macmillan Company, 1947, s, 65.

alebo základné právo založené na prirodzených princípoch, a „civilné" alebo pozitívne právo založené na vôli zákonodarcu.[46] Podľa **Honorého** Gaius verne vykreslil Aristotelove názory na subjekt práva a spravodlivosti.[47]

Gaius je slávny a jedinečný medzi právnikmi svojej doby kvôli jednej veci: pri mnohých príležitostiach sa neodvoláva na jednotlivých právnikov, ale na názor sabiniánskej alebo prokuliánskej školy.[48]

Podľa **Schulza** „Gaiova koncepcia kontraktu bola cudzia klasickým právnikom tak pred ním, ako aj po ňom... Táto koncepcia, ako aj jeho koncepcia záväzku, bola pravdepodobne odvážnym Gaiovým výtvorom."[49] On vymyslel obidve klasifikácie záväzkov, ktoré pokladáme za klasické: dvojitú (kontrakty – delikty) a trojitú (kontrakty – delikty – *variae causarum figurae*).[50]

Po zhodnotení významu Gaiovho diela a prínosu pre právnickú vedu v nasledujúcej kapitole prejdeme k analýze samotného obsahu Gaiových Inštitúcií.

---

[46] HONORÉ, A. M. *Gaius: A Biography.* 1962, s. 97, 106 – 108, 113.
[47] HONORÉ, A. M. *Gaius: A Biography.* 1962, s. 110.
[48] *Inst.* 1,90.196 (dvakrát); 2,15.37.79.123 (trikrát), 195.200 (dvakrát), 220 (trikrát), 221.231.244; 3,87.98.103.141.167a.168.178; 4,29,78,79,153; STANOJEVIĆ, O. Gaius and Pomponius: Notes on David Pugsley. 1997, s. 344.
[49] SCHULZ, F. *Classical Roman Law.* Oxford : Clarendon Press, 1954, s. 467 – 468.
[50] Pozri: D. 44.7.1; porov. DIÓSDI, G. *Contracts in Roman Law.* Budapest : Akadémiai Kiadó, 1981, s. 114.

2 ANALÝZA OBSAHU INŠTITÚCIÍ

Po prvej kapitole Gaius odlišuje vo svojich Inštitúciách tri základné kategórie: *personae, res, actiones*, ktoré tvoria makroštruktúru jeho diela.[51]

Gaius 1,8	Gaius 1,8
Omne autem ius, quo utimur, vel ad **personas** *pertinet vel ad* **res** *vel ad* **actiones**. *Sed prius videamus de personis.*	Avšak celé právo, ktoré používame, vzťahuje sa buď k **osobám**, alebo k **veciam**, alebo k **žalobám**. Najskôr sa zaoberajme osobami.

Predtým, ako Gaius uviedol v § 8 trichotomické členenie *omnes ius quo utimur*, začal svoje Inštitúcie tým, že svojim čitateľom predstavil opisnú schému dvoch hlavných pôvodoch *ius* v objektívnom zmysle:[52]

Gaius 1,1 [DE IVRE CIVILI ET NAT(VRALI)].	Gaius 1,1 [O CIVILNOM A PRIRODZENOM PRÁVE]
Omnes populi, qui legibus et moribus reguntur, partim suo proprio, partim communi omnium hominum iure utuntur: nam quod quisque que populus ipse sibi ius	Všetky národy, ktoré sa riadia zákonmi a obyčajmi, užívajú dielom svojho vlastného, dielom všetkým ľuďom spoločného práva. Lebo to,

---

[51] Porov. AGNATI, U. «Persona iuris vocabulum». Per un'interpretazione giuridica di «persona» nelle opere di Gaius. In: *Rivista di Diritto Romano.* 2009, IX. [cit. 2018-02-26]. Dostupné na: <http://www.ledonline.it/rivistadirittoromano/allegati/dirittoromano09agnati.pdf >.

[52] Porov. MAININO, G. Le matrici retoriche del «proemium» delle Istituzioni di Gaius. In: *Rivista di Diritto Romano.* 2010, X. [cit. 2018-02-26]. Dostupné na: <http://www.ledonline.it/rivistadirittoromano/allegati/dirittorom ano10Mainino.pdf>.

constituit, id ipsius proprium est uocatur que ius ciuile, quasi ius proprium ciuitatis quod uero naturalis ratio inter omnes homines constituit, id apud omnes populos peraeque custoditur uocatur que ius gentium, quasi quo iure omnes gentes utuntur. Populus itaque Romanus partim suo proprio, partim communi omnium hominum iure utitur. Quae singula qualia sint, suis locis proponemus.

čo si ako právo nejaký národ sám pre seba stanoví, je jeho (právom) vlastným a nazýva sa právo civilné, ako právo obci vlastné. To však, čo pre ľudstvo (sám) prírodný poriadok stanoví, je všetkými národmi rovnako zachovávané a nazýva sa právo národov, ako to právo, ktoré všetky národy používajú. A tak národ rímsky užíva dielom svojho vlastného, dielom všetkým ľuďom všetkým spoločného práva.

Gaius predstavil v § 1 rozdelenie *ius quo utuntur omnes populi qui legibus et moribus reguntur,* v ktorom môžeme odlíšiť dichotómiu *ius civile/ius gentium.*

K § 1 pridal zoznam prameňov práva:[53]

1. zákon (*lex*)
2. plebiscity (*plebiscita*)
2. uznesenie senátu (*senatusconsultum*)
3. konštitúcia (*constitutio*)
4. edikty (*Edita*)
5. dobrozdania (*Responsa*)

Podľa Gaiovho základného trichotomického členenia jeho Inštitúcií: *personae, res, actiones,* sme sa aj my rozhodli rozvrhnúť túto kapitolu.

---

[53] GAIUS. *Inst.* 1,2 – 7.

2.1 Personae

Personae sú súčasťou prvej knihy Inštitúcií. Pojem osoba, ktorý v súčasnosti označuje subjekt práv, v romanistickej terminológii mal pôvodne význam *divadelná maska* a v klasickej dobe sa používal na označenie človeka, v Gaiovej dobe ňou bol aj otrok, ktorý ale právnicky bol pokladaný za vec, predmet.[54]

Za spomínanými prameňmi práva nasleduje výklad o subjektoch práva a spôsobilosti fyzických osôb k právam a právnym úkonom. Z tohto hľadiska sú osoby rozdelené do základných kategórií slobodných (ingenuov a prepustencov) a otrokov[55] a následne do skupín *sui iuris*, nikomu nepodriadených a *alieni iuris*, osôb „cudziemu právu podriadených" (osôb v moci panskej, či otcovskej, žien v moci manželskej a osôb v tzv. mancipiu[56]) a nakoniec do kategórie osôb podriadených moci poručníka alebo opatrovníka.[57]

2.1.1 Pôvodný význam slova *persona*

Najskôr by sme sa mali zamerať na etymologické vysvetlenie pojmu *persona*, aby sme lepšie pochopili danú problematiku. Pojem *persona* musíme hľadať v gréckom výraze

---

[54] Persona. In: *Dizionario storico-giuridico romano.* [cit. 2018-02-26]. Podľa: <http://www.simone.it/newdiz/newdiz.php?action=view&diziona rio=3&id=2277>.

[55] GAIUS. *Inst.* 1,9 – 47.

[56] GAIUS. *Inst.* 1,48 – 141.

[57] GAIUS. *Inst.* 1,142 – 200; porov. KINCL, J. Gaius a jeho učebnice práva. In: GAIUS. *Učebnice práva ve čtyřech knihách.* 2007, s. 25.

prosôpon,[58] ktorý pôvodne znamenal „masku", ktorú nosievali grécki a rímski herci v takmer všetkých dramatických predstaveniach. Tento zvyk vznikol z toho, že si ľudia kryli tvár s istými šťavami a farbami a vystúpili zamaskovaní na dionýzovskej slávnosti. Aj keď grécka dráma vznikla z týchto slávností, je veľmi pravdepodobné, že niektoré spôsoby maskovania tváre boli také staré ako samotná dráma.[59] Maska, ktorú si herec nasadil, prezrádzala, akú postavu alebo rolu znázorňoval v divadelnej dráme v danej chvíli. Okrem toho sa treba zmieniť aj o etruskom označení nositeľa masky výrazom *phersu*. Maska mala okrem hlavnej identifikácie aj akustickú úlohu. A práve preto sa latinský pojem *persona* ako *personare* vysvetľoval v tom zmysle, že znamenal „niečo ako ozvučovať', alebo aj ozývať sa smerom k druhým".[60]

---

[58] Slovo προσωπον sa skladá z dvoch častí: προς – pred a ωπον od οπς – oči.
[59] Porov. SMITH, W. Persona. In: *Dictionary of Greek and Roman Antiquities.* London, 1848, s. 889 – 893.
[60] FRONC, G. 2005. *Teológia a filozofia človeka ako osoby.* In: RAN (Radosť a nádej), roč. 8, 2005, č. 1. s. 96 – 105. [cit. 2018-02-26]. Dostupné na: <http://www.uski.sk/frm_2009/ran/2005/cl050110.htm>.

2.1.2 Genus a species[61]

Gaius nedefinoval osobu, ale ukázal jej naturalistický základ *genus* (*omnes homines*). On ustanovil osobu ako *genus*, ako vyššiu triedu, ktorá obsahuje mnoho *species*, čiže všetky rozličné úlohy, všetky stavy, ktoré ľudská bytosť môže stelesňovať v právnickej skutočnosti. Výrazy *personae liberae* a *personae serviles* sú príkladom takéhoto vzťahu *genus – species*. *Persona* označuje *genus* a *libera* a *servilis* označujú špecifický rozdiel.

Gaius začal svoj traktát právom, ktoré sa týka osôb s nasledovným rozdelením: *summa divisio de iure personarum haec est, quod omnes homines aut liberi sunt aut servi.*[62] Podľa tohto rozdelenia boli všetci ľudia buď slobodní alebo otroci, čiže stelesňovali právnickú úlohu „slobodného" alebo „otroka". Aj otroci boli pokladaní za ľudí ako ostatní a táto podstatná antropologická vymoženosť sa odrazila aj v Gaiovej koncepcii *genus „persona".*[63]

---

[61] Už dávno sa zdôrazňovalo, že Gaius použil v Inštitúciách na didaktické účely sériu logických a charakteristických techník, ako napríklad *divisio*, *definitio*, schéma *genus-species*. O vplyve gramatiky, rétoriky, gréckej filozofie na myslenie rímskeho práva porov. napr. STROUX, J. *Griechische Einflüsse auf die Entwicklung der römischen Rechtswissenschaft gegen Ende der republikanischen Zeit.* ACI Roma 1, 1934. „...schéma *species-genus"* predstavuje – tak povediac – paradigmu". TALAMANCA, M. Lo schema 'genus-species' nelle sistematiche dei giuristi romani. In: *La filosofia greca e il diritto romano. Colloquio italo-francese (Roma, 14 – 17 aprile 1973).* Vol. II. Roma : Accademia Nazionale dei Lincei, 1977, s. 4.
[62] GAIUS. *Inst.* 1,1.9: „Základné rozdelenie práva osôb je také, že všetci ľudia sú buď slobodní alebo otroci."
[63] Otrok vystupuje aj ako *res* asi v polovici úryvkov, ktoré sa berú do úvahy,

Ďalším miestom boli *status*, podľa ktorého ľudia na právnickej scéne vystupovali buď ako *sui iuris* (ako tí, ktorí disponujú sami sebou) alebo ako *personae alieno iuri subiectae* alebo aj *alieni iuris* (podriadení inej moci):

Gaius 1,48	Gaius 1,48
*Sequitur de iure personarum alia divisio. Nam quaedam personae **sui iuris** sunt, quaedam **alieno iuri subiectae** sunt.*	Nasleduje ďalšie rozdelenie, práva osôb. Totiž niektoré osoby sú **svojprávne**, iné sú **podriadené moci iného**.

Gaius ďalej rozdelil *personae* podľa toho, či sú podriadené *potestas*, *manus* alebo *mancipium*.[64] Podriadení *potestas* boli otroci vo vzťahu k pánovi,[65] prirodzené deti a adoptívne deti,[66] pričom **adopcia** sa uskutočňovala dvoma spôsobmi, a to **z moci ľudu** a **na rozkaz úradu**, napríklad prétora.[67] **Z moci ľudu** sa adoptovali *sui iuris* a tento druh adopcie sa nazýval *adrogatio*.[68] Na **rozkaz úradu** sa adoptovali tí, ktorí sú podriadení moci predkov, tak prvého stupňa (ako syn a dcéra), ako aj nižších stupňov (ako vnuk a vnučka, pravnuk

---

a to potvrdzuje dvojznačnosť otroka ako *persona* a ako *res*. Bližšie analyzuje *genus „persona'* a otroctvo porov. AGNATI, U. «Persona iuris vocabulum». Per un'interpretazione giuridica di «persona» nelle opere di Gaius. In: *Rivista di Diritto Romano*. 2009, IX. [cit. 2018-02-26]. Dostupné na: <http://www.ledonline.it/rivistadirittoromano/allegati/dirittoromano09agnati. pdf>.
[64] GAIUS. *Inst.* 1,49.
[65] GAIUS. *Inst.* 1,52.
[66] GAIUS. *Inst.* 1,97.
[67] GAIUS. *Inst.* 1,98.
[68] GAIUS. *Inst.* 1,99.

a pravnučka).[69]

Osoby *in manu* boli iba ženy,[70] a to prostredníctvom *usus*, *farreum* a *coemptio*[71] Toto bolo vlastné len rímskym občanom.[72] Všetky slobodné osoby, mužského a ženského pohlavia, ktoré sú podriadené moci predka a osoby, ktoré sú *in manu*, sú zároveň *in mancipium*.[73] Gaius predložil ďalšie delenie, ktoré sa týka osôb. Išlo o osoby podriadené **poručníctvu** (*tutela*) a **opatrovníctvu** (*cura*), ktoré predkladáme aj v súvislosti s odkazmi na iné knihy Gaiových Inštitúcií. Podľa Gaia boli **poručníctvu** podriadení všetci **nedospelí** (*tutela impuberes*), a to na základe *ratio naturalis*.[74] Ďalšími osobami, podriadenými poručníctvu, boli **ženy** (*tutela mulierum*) pre ľahkovážnosť ducha a aj v dospelom veku, kým nedospelí chlapci sa dosiahnutím dospelosti oslobodili od poručníctva.[75] Za dospelého pokladali Gaiovi učitelia toho, kto vykazoval znaky dospelosti, čiže toho, kto mohol plodiť deti. V prípade klieštencov sa za vek dospelosti pokladal vek, kedy sa zvyčajne každý stával dospelým.[76] Inak sa za dospelého pokladal ten, kto dovŕšil štrnásť rokov. **Opatrovníctvu** boli podriadení **duševne chorí** a **márnotratníci**.

V prípade úkonov poručník konal namiesto poručenca iba

---

[69] GAIUS. *Inst.* 1,99.
[70] GAIUS. *Inst.* 1,108.
[71] GAIUS. *Inst.* 1,110.
[72] GAIUS. *Inst.* 1,108.
[73] GAIUS. *Inst.* 1,116 – 118.
[74] GAIUS. *Inst.* 1,189.
[75] GAIUS. *Inst.* 1,196.
[76] GAIUS. *Inst.* 1,196.

v prípadoch, kedy sa vyžadoval jeho súhlas.[77] To isté platilo aj pre toho, kto mal nejaký rozum. *Infant* a *infans proximus* sa veľmi nelíšili od duševne chorého, pretože poručenci v tomto veku nemali žiaden rozum, ale voči nim bolo právo zhovievavejšie a právnický výklad sa podával priaznivejšie.[78] Duševne chorý nemohol urobiť nijaký úkon, lebo nerozumel tomu, čo robí.[79] Jeho opatrovník mohol scudzovať jeho vec, rovnako aj poručník mohol slobodne spravovať záležitosti poručenca.[80] Márnotratníci nesmeli spravovať svoj majetok.[81]

Rodičia mohli menovať v testamente poručníkov pre svoje nedospelé deti v prípade chlapcov a v prípade dievčat aj vo veku dospelosti, aj keby boli vydaté, pre ľahkovážnosť ich ducha. To znamená, že keď sa syn stal dospelým, prestal mať poručníka, ale dcéra zostala aj naďalej v poručníctve aj po dosiahnutí veku dospelosti. Oslobodené od poručníctva boli iba právom detí. Z tohto pravidla existovali výnimky, a to v prípade panien Vestáliek, ktoré boli slobodné na počesť ich kňazského úradu, čo stanovoval aj zákon XII. tabúľ.[82] Bez súhlasu poručníka nemohli scudzovať *res mancipi* ani žena, ani poručenec. Ak išlo o *res nec mancipi*, tie mohli ženy scudzovať, no poručenec nie.[83] Naopak, ženám a poručencom mohli byť zaplatené bez súhlasu poručníka všetky *res mancipi* aj *nec mancipi*, lebo na zlepšenie svojho stavu

---

[77] GAIUS. *Inst.* 3,107.
[78] GAIUS. *Inst.* 3,109.
[79] GAIUS. *Inst.* 3,106.
[80] GAIUS. *Inst.* 2,64.
[81] GAIUS. *Inst.* 1,53.
[82] GAIUS. *Inst.* 1,144 – 145.
[83] GAIUS. *Inst.* 2,80.

jeho súhlas nepotrebovali.[84] Ženy dospelého veku si viedli svoje záležitosti samé a iba v určitých prípadoch zasahoval svojou autoritou poručník, a to akoby naoko a často donútený prétorom, aby ju uplatnil proti svojej vôli.[85]

V § 156 prvej knihy podal Gaius vysvetlenie pojmu agnáti, ktorí sú spojení pokrvným príbuzenstvom, sprostredkovaným osobami mužského pohlavia. V §§ 159 – 162 analyzuje *capitis deminutio*, premenu skoršieho právneho stavu, ktorá mohla nastať tromi spôsobmi:

1. *capitis deminutio maxima* pri strate občianstva a slobody

2. *capitis deminutio media* alebo *minor* pri strate občianstva

3 *capitis deminutio minima* pri zmene právneho postavenia človeka, pričom občianstvo a sloboda sa zachovali.

Tá istá *persona* môže meniť *species*, ktoré ju charakterizujú a takisto môže meniť aj úlohy vo vnútri *genus*, a to podľa situácií a vzťahov: napríklad *servus* sa stane slobodným prostredníctvom *manumissio*; *filius familias* sa môže stať *sui iuris* po smrti *pater familias* alebo ak bol predtým emancipovaný, a mnohé ďalšie zmeny.

Na záver môžeme povedať, že Gaius vysvetlil s platným teoretickým prístupom rímske usporiadanie, v ktorom *divisiones personarum* predstavujú oporný bod právneho usporiadania.[86]

---

[84] GAIUS. *Inst.* 2,83.
[85] GAIUS. *Inst.* 1,190.
[86] porov. AGNATI, U. «Persona iuris vocabulum». Per un'interpretazione giuridica di «persona» nelle opere di Gaius. In: *Rivista di Diritto Romano*. 2009, IX. [cit. 2018-02-26]. Dostupné na:

Gaius zaradil všetkých ľudí (*omnes homines*) bez rozdielu pohlavia, rasy, cenzu, občianstva, podrobenia medzi *personae*. Avšak nie všetky *personae* mali rovnaké práva a povinnosti. Existovali totiž aj osoby s obmedzenými právami na základe rodu (ženy), veku, pôvodu (ako v prípade libertíncov), slobody, občianstva (*latini, peregrini*), s právnicko – spoločenskými ‚škvrnami' (*infami, intestabiles, improbi*).

Z toho vyplýva, že *persona* je právnický *genus*, ktorého naturalistický základ sa zhoduje s ľudskými bytosťami. Kategória *persona* zahŕňa *omnes homines*.[87]

2.2 Res

Prvá kniha Gaiových Inštitúcií sa venovala osobám a druhá a tretia kniha sa zaoberá právami k veciam.

Res v latinčine, vec v slovenčine, je jedno zo slov, ktoré majú široký význam. Vo všeobecnom význame znamená „všetko, čo jestvuje mimo človeka, konkrétny alebo abstraktný jav" alebo „konkrétny predmet, jav vnímateľný zmyslami; predmet slúžiaci človeku, osobný majetok a podobne".[88]

<http://www.ledonline.it/rivistadirittoromano/allegati/dirittoromano09agnati.pdf >.
[87] GAIUS. *Inst.* 1,9; porov. AGNATI, U. «Persona iuris vocabulum». Per un'interpretazione giuridica di «persona» nelle opere di Gaius. In: *Rivista di Diritto Romano.* 2009, IX. [cit. 2018-02-26]. Dostupné na: <http://www.ledonline.it/rivistadirittoromano/allegati/dirittoromano09agnati.pdf >.
[88] KOL. AUTOROV. *Krátky slovník slovenského jazyka.* Jazykovedný ústav Ľudovíta Štúra SAV, 1987 – 1997.

Tento termín sa v rímskom práve vo všeobecnosti používal na označenie *dobra,* ktoré malo uspokojiť ľudské potreby, objekt subjektívneho práva jedinca.[89]

2.2.1 Klasifikácia vecí

V práve sú rozličné delenia vecí, z ktorých sú niektoré založené na kritériu vyvodeného z právneho stavu veci, iné sú zase založené na vlastnostiach veci, alebo na vzťahoch medzi vecami existujúcimi v mimoprávnickej skutočnosti, ktorým právo pripisuje určité účinky.

2.2.1.1 Res quae in nostro patrimonio sunt a res extra nostrum patrimonium habentur

Do prvej skupiny delenia Gaius zaradil **res quae in nostro patrimonio sunt** a **res extra nostrum patrimonium habentur,**[90] ktoré zaradil nad *summa rerum divisio* medzi *res divini iuris* a *res humani iuris* a nad rozdelenie na *res mancipi* a *nec mancipi.*

Gaius 2,1	Gaius 2,1
*Superiore commentario de iure personarum exposuimus modo videamus de **rebus:** quae vel in **nostro patrimonio** sunt vel **extra nostrum patrimonium** habentur.*	V predchádzajúcom komentári sme podali výklad o práve osôb a teraz sa pozrime na veci: tie sú buď v **našom majetku** alebo ich máme **mimo nášho majetku.**

[89] Res. In: *Dizionario storico-giuridico romano.* [on-line]. [cit. 2018- 02- 26]. Dostupné na: <http://www.simone.it/newdiz/newdiz.php?action=view&dizionario=3&id=2568>.

[90] Toto rozdelenie vecí na vyvoláva medzi odborníkmi nezhody.

Ako tvrdí Grosso, aj dnes sa ešte prenieslo do školských formulácií rozdelenie *res in patrimonio* a *res extra patrimonium*, podľa ktorého sú veci vo všeobecnosti podliehajúce súkromným a majetkovým právnym vzťahom. Súhlasíme s Grossom, ktorý zastáva názor, že Gaius netvrdil, že veci sú *in patrimonio* alebo *extra patrimonium*, ale že *in nostro patrimonium sunt* alebo *extra patrimonium habentur* a tento slovný zvrat by mohol poukazovať na odkaz na súčasnú príslušnosť alebo nepríslušnosť k určitému subjektu.[91]

2.2.1.2 Res divini iuris a res humani iuris

Za týmto delením ihneď Gaius uviedol *summa rerum divisio* na **res divini iuris** a **res humani iuris**, pričom tvrdil, že **res divini iuris** *sunt veluti* **res sacrae** *et* **religiosae**.[92] K nim pridal aj **res sanctae**, o ktorých sa vyjadril *quodammodo divini iuris sunt*.

Definícia dvoch kategórií *res sacrae* a *res religiosae* je daná pozitívnym kritériom príslušnosti bohom nebeským (*quae diis superis consecratae sunt*) alebo bohom podsvetia (*quae diis Manibus relictae sunt*).[93] Zasvätenie *res sacrae* spočívalo

---

[91] GROSSO, G. Corso di diritto romano. Le cose. Con una «nota di lettura» di Filippo Gallo. In: *Rivista di Diritto Romano.* 2001, I. [cit. 2018-02-26]. Dostupné na: <http://www.ledonline.it/rivistadirittoromano/allegati/diritt oromano0102grosso.pdf>.

[92] GAIUS. *Inst.* 2,2: „Božského práva sú napríklad *res sacrae* (posvätné veci) a *res religiosae* (náboženské veci)."

[93] GAIUS. *Inst.* 2,4; porov. GROSSO, G. Corso di diritto romano. Le cose. Con una «nota di lettura» di Filippo Gallo. In: *Rivista di Diritto Romano.* 2001, I. [cit. 2018- 02- 26]. Dostupné na: <http://www.ledonline.it/rivistadirittorom ano/allegati/dirittoromano0102grosso.pdf>.

v náboženskej ceremónii, na ktorej sa zúčastňovali pontifex a magistrát, počas ktorej sa vec postúpila božstvu (*do, dico, dedicoque*).[94]

Medzi **res humani iuris** zaradil *res publicae* a *res privatae*. Gaiova reč predstavuje nejaké nezhody. V § 9 na vysvetlenie, že *res humani iuris potest et nullius in bonis esse*, Gaius uviedol ako príklad *res hereditariae, antequam aliquis heres existat*.[95] V §§ 10 a 11 rozoberal *humani iuris* v dvoch kategóriách *res publicae a privatae*, pričom tie prvé *nullius videntur in bonis esse* a druhé *singulorum hominum sunt*. V § 9 *nullius in bonis esse* sa vzťahuje na súčasný stav veci, to znamená, že teraz vec nepatrí nikomu, v § 11 zase *singulorum hominum esse*, so zreteľom k *nullius in bonis esse*, predstavujú možnosť, že by boli predmetom súkromného vlastníctva. Podľa **Grosseho** Gaius čerpal rozdelenie *res* na *divini et humani iuris* a *res humani iuris* na *publicae* a *privatae* zo staršej príručky a nad toto rozdelenie vraj postavil rozdelenie na *res quae in nostro patrimonio sunt* a na tie, *quae extra nostrum patrimonium habentur*.[96]

---

[94] Porov. GROSSO, G. Corso di diritto romano. Le cose. Con una «nota di lettura» di Filippo Gallo. In: *Rivista di Diritto Romano*. 2001, I. [cit. 2018- 02- 26]. Dostupné na: <http://www.ledonline.it/rivistadirittoromano/all egati/dirittoromano0102grosso.pdf>.

[95] Text chýba na veronskom rukopise, ale k nám sa dostal v Digestách.

[96] Porov. GROSSO, G. Corso di diritto romano. Le cose. Con una «nota di lettura» di Filippo Gallo. In: *Rivista di Diritto Romano*. 2001, I. [cit. 2018- 02- 26]. Dostupné na: <http://www.ledonline.it/rivistadirittoroman o/allegati/dirittoromano0102grosso.pdf>.

2.2.1.3 Res corporales a res incorporales

Za delením vecí božského práva a ľudského práva nasleduje ďalšie delenie na **res corporales** a **incorporales**. *Res corporales* sú také, ktorých sa možno dotknúť (*quae tangi possunt*), napríklad pozemok, otrok, šaty, zlato, striebro atď., kým tých druhých sa dotknúť nemožno (*quae tangi non possunt*) a tie spočívajú v práve: dedičstvo, *ususfructus* a akýmkoľvek spôsobom uzavreté záväzky.[97]

Pôvod tohto rozdelenia môžeme nájsť v rôznych filozofických školách a pojem o hmatateľnosti vecí, ktorý vytvorili rímski právnici, pochádzal skôr z aristotelovskej filozofie, kým pre stoikov bolo kritérium korporality, čiže telesnosti dané účinkom, ktorý pôsobí na sluchový aparát.[98]

2.2.1.4 Res mancipi a res nec mancipi

Na *res corporales* a *res incorporales* nadväzuje delenie vecí, ktoré sa pokladá v klasickom práve za základné, a to na **res mancipi** a **nec mancipi**.[99] Medzi **res mancipi** Gaius zaradil:
1. pozemok na italickej pôde
2. stavby na italickej pôde
3. otrokov

---

[97] GAIUS. *Inst.* 2,12 – 14.
[98] Porov. GROSSO, G. Corso di diritto romano. Le cose. Con una «nota di lettura» di Filippo Gallo. In: *Rivista di Diritto Romano.* 2001, I. [cit. 2018- 02- 26]. Dostupné na: <http://www.ledonline.it/rivistadirittoroman o/allegati/dirittoromano0102grosso.pdf>.
[99] GAIUS. *Inst.* 2,14 nasl.

4. zvieratá, *quae collo dorsove domari solent,* čiže hovädzí dobytok, kone, somáre, osly,

5. služobnosti vidieckych pozemkov.[100]

Ostatné **res** boli **nec mancipi**:[101]

1. štipendijné a tributárne pozemky
2. divoké šelmy, ako medvedi a levy
3. zvieratá, ktoré sa počítajú k šelmám, ako slony a ťavy
4. skoro všetky *res incorporales,* okrem služobností vidieckych pozemkov.

Hlavný dôvod alebo účinok rozdelenia na *res mancipi* a *res nec mancipi* spočíval v spôsobe scudzenia týchto vecí. Pre *res mancipi* bola potrebná *mancipatio* (podľa tohto spôsobu scudzenia, ktorý bol pravdepodobne na začiatku jedinou formou scudzenia týchto vecí, dal im Gaius aj názov) alebo *in iure cessio.*[102] Pre *res nec mancipi* stačilo jednoduché odovzdanie *(traditio).*[103] Gaius najprv uviedol nadobúdanie vlastníckeho práva k jednotlivým veciam a potom k *universitates.* Pri univerzálnej postupnosti je hlavnou časťou výklad o dedičskom práve, ku ktorému je pričlenený výklad o odkazoch, hoci pri odkazoch ide o singulárnu sukcesiu.

Pokiaľ ide o dedičské právo, Gaius analyzoval najskôr testamentárnu postupnosť aj s odkazmi a fideikomismi[104] a potom

---

[100] GAIUS. *Inst.* 2,14a.
[101] GAIUS. *Inst.* 2,15 – 17
[102] GAIUS. *Inst.* 2,22.
[103] GAIUS. *Inst.* 2,19; GROSSO, G. Corso di diritto romano. Le cose. Con una «nota di lettura» di Filippo Gallo. In: *Rivista di Diritto Romano.* 2001, I. [cit. 2018- 02- 26]. Dostupné na:.<http://www.ledonline.it/rivistadirittoroman o/allegati/dirittoromano0102grosso.pdf>.
[104] GAIUS. *Inst.* 2,100 – 289.

intestátnu postupnosť.[105] V krátkosti sa venoval univerzálnej sukcesii z titulu konkurzu,[106] adopcie a uzavretia tzv. prísneho manželstva[107] a z titulu postúpenia dedičstva.[108] Následne prešiel od nadobúdania vlastníctva *per universitatem* k záväzkovému právu.[109]

2.2.2 Záväzky

Gaius rozdelil záväzky na dve základné kategórie, a to na záväzky, ktoré vznikali **z kontraktu** (zo zmluvy) a **z deliktu**.[110]

2.2.2.1 Záväzky z kontraktu

Záväzky, ktoré vznikali **z kontraktu**, Gaius ďalej rozdelil na štyri skupiny:[111]

1. záväzky, ktoré vznikajú prostredníctvom **veci (reálne kontrakty)** – v prípade poskytnutia pôžičky. Ide o veci, ktoré sa dajú merať, počítať a vážiť, ako napríklad počítané peniaze, víno, olej, obilie, meď, striebro a zlato.[112]
2. záväzky, ktoré vznikajú prostredníctvom **slov (verbálne kontrakty)** – prostredníctvom otázky a odpovede.

---

[105] GAIUS. *Inst.* 3,1 – 76.
[106] GAIUS. *Inst.* 3,77 – 81.
[107] GAIUS. *Inst.* 3,82 – 84.
[108] GAIUS. *Inst.* 3,85 – 87.
[109] Porov. KINCL, J. Gaius a jeho učebnice práva. In: GAIUS. *Učebnice práva ve čtyřech knihách.* 2007, s. 25 – 26.
[110] GAIUS. *Inst.* 3,88.
[111] GAIUS. *Inst.* 3,89.
[112] GAIUS. *Inst.* 3,90.

3. záväzky, ktoré vznikajú prostredníctvom **zápisu (lite-rárne kontrakty)**
   a) **prepisovanými titulmi:**
      1. z osoby na osoby
      2. z veci na osobu.[113]
   b) môže nastať **chirografmi** a **singrafou**, čiže ak niekto napíše, čo dlhuje alebo dá: samozrejme ak pri takom titule neprebieha stipulácia. Tento druh záväzkov je vlastný cudzincom.[114]
4. záväzky, ktoré vznikajú prostredníctvom **súhlasu (konsenzuálne kontrakty)** – pri zmluvách o kúpe a predaji, prenájme a nájme, pri spoločenských zmluvách a príkazných zmluvách. Na ich vznik sa vyžadoval súhlas, preto bolo možné uzatvárať tieto úkony aj medzi neprítomnými osobami, napríklad cez listy alebo cez posla. Naopak pri verbálnom záväzku to nebolo možné.[115]

2.2.2.2 Záväzky z deliktu

Záver tretej knihy o záväzkoch tvorí výklad o **záväzkoch z deliktu.**[116] Gaius uviedol základné delenie záväzkov z deliktu následným spôsobom:
   1. **krádež** *(furtum).* Gaius sa zaoberal rôznymi názormi na krádež. Podľa Servia Suplicia a Nasuria Sabina boli štyri druhy krádeže:

---

[113] GAIUS. *Inst.* 3,128 – 130.
[114] GAIUS. *Inst.* 3,134.
[115] GAIUS. *Inst.* 3,135 – 136.
[116] GAIUS. *Inst.* 3,182 a nasl.

a) *furtum manifestum*
b) *furtum nec manifestum*
c) *furtum conceptum*
d) *furtum oblatum.*

Podľa Labea boli len dva druhy:
a) *furtum manifestum*
b) *furtum nec manifestum*

2. **lúpež** (*rapina*)
3. **spôsobenie škody** (*damnum*)
4. **urážka na cti** (*iniuria*)

V tejto podkapitole sme sa venovali *ius quod ad res pertinet* s mnohými jeho klasifikáciami, ktoré zodpovedá druhej a tretej knihe Gaiových Inštitúcií.

2.3 Actiones

V štvrtej knihe sa Gaius venoval základným pojmom a inštitúciám rímskeho a civilného procesu, čiže *ius quod ad actiones pertinet*. Pre lepší prehľad sme sa rozhodli rozdeliť túto podkapitolu na dva odseky, v ktorých sa budeme zaoberať ochranou práv prostredníctvom žalôb a prostredníctvom procesu.

2.3.1 Vysvetlenie pojmu *actio*

Pojem *actio* označovalo už od najstarších čias nielen jednotlivé úkony súkromnej obrany ako *vindicatio* a *manus iniectio*, ale aj súhrn slov, ktoré sa mali vysloviť a gest, ktoré sa mali vykonať, aby získali aspoň nepriamou cestou, prostredníctvom procesu, zadosťučinenie za poškodenie záujmu. Pojem *actio* sa však začal používať aj na označenie vzoru, na ktorý sa mohli súkromné osoby odvolať, keď sa chceli na súde domáhať svojho práva. V ďalšom sémantickom vývoji výraz *actio* prešiel k označeniu právnej kompetencie subjektu, to znamenalo spôsobilosť alebo právomoc *agere*, kedy využil povinne vopred určený vzor na nútené uspokojenie svojho záujmu. Išlo o špecifikáciu moci priznanej *pater familias* nad vecami a osobami. Postupne sa z nej vynorili jednotlivé právomoci, okrem iného aj právomoc konať tak, aby sa prostredníctvom procesu odstránili zábrany alebo prekážky, ktoré sa postavili do cesty ich výkonu.[117]

Po krátkom objasnení pojmu *actio* bude vhodné prejsť k ochrane práv prostredníctvom žalôb a procesu na základe Gaiových Inštitúcií.

2.3.2 Ochrana práv: žaloba

Gaius rozdelil najprv žaloby na **vecné** a **osobné** (*actiones in rem – actiones in personam*),[118] ďalej na žaloby **reiperzekutórne, penálne** a **zmiešané**[119] a na žaloby, ktoré boli vytvorené na spôsob *quae sua vi ac potestate constant.*[120]

---

[117] Porov. Diritto e azione nell'esperienza giuridica romana. Collana della Rivista di Diritto Romano. PROVERA, G. *Scritti giuridici*, s. 4 – 5. [cit. 2018- 02- 26]. Dostupné na: <http://www.ledonline.it/rivistadirittoroman o/allegati/proveradirittoazione.pdf >.
[118] GAIUS. *Inst.* 4,1 – 5.
[119] GAIUS. *Inst.* 4,6 – 9.
[120] GAIUS. *Inst.* 4,10.

2.3.2.1 Actiones in personam a actiones in rem

Osobné žaloby (*actiones in personam*) sa používali proti osobám, ktoré boli nejakým spôsobom voči iným zaviazané, buď zmluvou alebo deliktom, to znamená, keď sa domáhali, že im niekto mal *dare, facere, praestare*.[121] Kým **vecné žaloby** boli namierené proti veci, ktorej sa dožadovali, buď preto, lebo tá vec patrila osobe alebo patrilo jej nejaké právo, napríklad užívacie právo alebo užívacie a požívacie právo alebo právo na prechod, prevedenie dobytka, alebo právo viesť vodu alebo stavať vyššie budovy alebo právo na výhľad. Alebo keď žaloba *ex diuerso adversario* je zamietavá.[122] Osobné žaloby sa nazývali **kondikcie** (*condictiones*) a vecné žaloby **vindikácie** (*vindicationes*).[123]

2.3.2.2 Actiones reipersecutores, poenales a mistae

Okrem týchto žalob Gaius uviedol **žaloby reiperzekutórne** (*actiones reipersecutoriae*), **penálne** (*actiones poenales*) a **zmiešané** (*actiones mistae*).[124]

Reiperzekutórne žaloby sú také, ktorými chceli získať vec zo zmluvy.[125]

Penálnymi žalobami sa snažili vymôcť trest. Išlo o žaloby, ktoré sa podávali pri krádeži (*actio furti*) a pri urážke (*actio iniuriarum*), pre ulúpený majetok (*actio vi bonorum*

---

[121] GAIUS. *Inst.* 4,2.
[122] GAIUS. *Inst.* 4,3.
[123] GAIUS. *Inst.* 4,5.
[124] GAIUS. *Inst.* 4,6.
[125] GAIUS. *Inst.* 4,7.

raptorum). Pokiaľ išlo o samotnú vec, patrila jej aj vindikácia, aj kondikcia.

Pri **miešaných žalobách** sa domáhali aj veci aj trestu, ako tomu bolo pri žalobách z rozsudku (*actio iudicati*), pri *actio depensi*, pri žalobe na náhradu protiprávne spôsobenej škody podľa Aquiliovho zákona, pri žalobe z odkazov, ktorými bolo určité plnenie zostavené odsudzujúcou formou.[126]

2.3.2.3 Actiones adiecticae qualitatis a actiones noxales

Nasleduje výklad o **adjektických žalobách**[127] a **noxálnych žalobách**.[128] V prvom prípade podľa *ius civile* osoby *alieni iuris* nemali nijakú majektovú spôsobilosť. Každá majetková výhoda, ktorá sa im mohla naskytnúť, sa automaticky dostávala do majektu *pater*. A on naopak nevzal na seba žiadnu zodpovednosť za záväzky uzatvorené osobami jemu podriadenými. Prétor umožnil tretím osobám, ktoré uzatvorili zmluvu s *alieni iuris*, podať na pater familias žalobu, v ktorej spôsobilosť *pater familias* bola pripojená ku konaniu syna (*adiecta filii persona, actiones adiecticiae qualitatis*).[129] Podľa Gaia tretím osobám prináležala žaloba *de peculio* a *de im rem verso*.

Štruktúru týchto žalôb tvorila formula so zámenou subjektov: v *intentio* figurovalo meno syna alebo otroka,

---

[126] GAIUS. *Inst.* 4,9.
[127] GAIUS. *Inst.* 4,70 – 74.
[128] GAIUS. *Inst.* 4,75 – 81.
[129] Porov. SANFILIPPO, C. *Istituzioni di diritto romano.* X edizione. Soveria Manelli (Catanzaro) : Rubbettino, 2002, s. 156 – 157.

v *condemnatio* naopak meno *pater* alebo *dominus*.[130]

Pojem noxálne žaloby označoval kategóriu žalôb voči *pater familias* a *dominus* za škodu spôsobenú synmi alebo otrokmi, ktorí boli pôvodne bez právnej spôsobilosti. Gaius upresnil, že tieto žaloby mohli pochádzať:

1. zo zákona (napríklad *actio furti*, ktorú stanovoval zákon XII. tabúľ);

2. z prétorského ediktu (napríklad *actio vi bonorum raptorum*).

Základnou charakteristikou noxálnej žaloby bolo „riadiť sa osobným stavom páchateľa" (*noxae caput sequuntur*). Preto:

– pokiaľ by *filius* alebo *servus,* zodpovední za delikt, boli v moci *pater* alebo *dominus*, žaloba bola podaná proti nim;

– ak *filius* alebo *servus* prešli do právomoci onoho subjektu, žaloba bola podaná proti týmto subjektom

– ak sa *filius* alebo *servus* stali slobodnými a *sui iuris*, žaloba prešla priamo proti nim.

Od žalôb prejdeme k ochrane práv prostredníctvom procesu.

2.3.3 Ochrana práv: proces

Nasledujúci odsek sme venovali dvom hlavným formám rímskeho civilného procesu a ich vývoju.

---

[130] Porov. Actiònes adiectìciæ qualitàtis. In: *Dizionario storico-giuridico romano.* [on-line]. [cit. 2018-02-26] Dostupné na: <http://www.simone.it/newdiz/newdiz.php?id=141&action=view&dizionario=3>.

2.3.3.1 Legisakčný proces

Na čele rímskeho civilného procesu stál výklad o **legisakčnom procese** (*legis actiones*).[131] Proces *legis actiones* bol najstaršou formou známou v Ríme na urovnanie sporov medzi súkromnými osobami. Jeho formality boli zrekonštruované vďaka informáciám obsiahnutým vo štvrtej knihe Gaiových Inštitúcií, počnúc objavom veronského palimpsestu v roku 1816. Odvtedy rímska veda otvorila cesty k objasneniu okolo dejín rímskeho procesu. Gaiove Inštitúcie sú základným textom na získanie jasnej rekonštrukcie rímskeho civilného procesu. Podľa Gaia (4,12) existuje päť spôsobov *ex lege agendi*:

1. *sacramento,*
2. *per iudicis postulationem,*
3. *per condictionem,*
4. *per manus iniectionem,*
5. *per pignoris capionem.*

Z Gaiovho vysvetlenia sa môže vyvodiť existencia dvoch druhov *legis actiones*:

1. Na jednej strane pochádzali *legis actiones* zo zákonov (*ex lege*). Toto je zmysel, ktorý dal Gaius *agere ex lege* v 4,11. Išlo o *actiones ex lege*, čiže také, ktoré pochádzali alebo vznikali zo zákonov. Avšak tento zákonný pôvod sa mohol zakladať na dvoch príčinách. Po prvé, mohlo ísť o *agere ex lege*, pretože je nejaký zákon, ktorý sa vzťahuje na taký proces. A po druhé, mohlo ísť o *legis actio* ustanovenú zákonom. Na tento typ *legis*

---

[131] GAIUS. *Inst.* 4,11 – 29.

45

actio sa odvolával Gaius, keď opisoval *legis actio per condictionem*. V tomto prípade Gaius tvrdil, že ide o *legis actio* ustanovenú zákonom (*legis actio constituta...per legem*).[132]

2. Na druhej strane Gaius tvrdil v tom istom úryvku 4,11, že *legis actiones* sa tak nazývali preto, lebo sa používali tie isté termíny ako v zákonoch. A tak sa aj zachovávali, ako keby boli zákonmi (*...vel ideo, quia ipsarum legum verbis accomodatae erant et ideo inmutabiles pro inde atque leges observabantur*). V tomto prípade je to formalizmus rituálnych slov, ktorý menil proces na *legis actio*. Preto nepotrebovali zákon, ktorý by ich zriadil, boli to *iudicia*, ktoré sa ukrývali pred čistým formalizmom.[133]

Podľa slov Gaia ľudia tieto legisakcie postupne znenávideli, pretože predkovia spôsobom, akým tvorili kedysi právo, priviedli veci do takého bodu, že spory sa prehrávali aj pri najmenšom omyle. Následkom toho boli tieto legisakcie Aebutiovým zákonom a dvoma Júliovými zákonmi zrušené. Nariadil sa nový spôsob procesu prostredníctvom zostavených slov, čiže prostredníctvom formúl.

2.3.3.2 Formulový proces

Od § 30 nasledoval výklad o **formulovom procese**. *Litigare per formulas* alebo *per concepta verba* znamenalo použiť určitý druh formulára alebo vzoru.

V §§ 32 – 60 štvrtej knihy nájdeme výklad o **formulách**

---

[132] GAIUS. *Inst.* 4,19.
[133] FUENTESECA, M. *Iudicia privata: storia e forme.* Skriptá. [cit. 2012-02-26]. Dostupné na: <http://ebookbrowse.com/fuenteseca-lezioni-i-e-ii-pdf-d65205523>.

a ich častiach.[134] Na rozdiel od prísnych procesných schém, ktoré charakterizovali *legis actiones*, formula predstavovala premenlivú štruktúru vytvorenú z kombinácie niektorých opakujúcich sa častí s tými, ktoré boli zavedené na zvláštne okolnosti. Gaius uviedol nasledovné časti formúl:

1. *demonstratio*, tá označuje záležitosť, pre ktorú sa žaluje. Jej funkciou je určiť, ak je to potrebné, základ sporu, čiže upresniť faktické predpoklady alebo domnienky zamýšľajúcej žaloby.
Príklad:

„PRETOŽE AULUS AGERIUS PREDAL OTROKA NUMERIOVI NEGIDIOVI" alebo „PRETOŽE SI AULUS AGERIUS USCHOVAL OTROKA U NUMERIA NEGIDIA".[135]

2. *intentio* – konkretizovala nárok, ktorého sa človek domáha. Vyjadrovala očakávanie, ktoré žalobca uplatnil na súde.
Príklad:

„AK VYJDE NAJAVO, ŽE NUMERIUS NEGIDIUS MÁ DAŤ AULOVI AGERIOVI DESAŤTISÍC SESTERCIÍ"; alebo nasledujúca „VŠETKO TO, ČO VYJDE NAJAVO, ŽE MÁ NUMERIUS NEGIDIUS DAŤ ALEBO UROBIŤ AULOVI AGERIOVI"; alebo aj táto: „AK VYJDE NAJAVO, ŽE TENTO OTROK JE AULA AGERIA NA ZÁKLADE KVIRITSKÉHO PRÁVA."[136]

3. *adiudicatio* – sudca mal moc prisúdiť vec niektorej zo sporných strán, pokiaľ išlo napríklad o rozdelenie dedičstva medzi spolu-dedičmi alebo o rozdelenie veci medzi spoluvlastníkmi alebo o určenie hraníc územia medzi susedmi.

---

[134] GAIUS. *Inst.* 4,39 – 43.
[135] GAIUS. *Inst.* 4,40.
[136] GAIUS. *Inst.* 4,41.

Príklad:

„KOĽKO JE TREBA PRISÚDIŤ, SUDCA, TOĽKO TITIOVI PRISÚĎ."[137]

4. *condemnatio* – prostredníctvom nej mohol sudca žalovanú stranu buď odsúdiť alebo oslobodiť, a to podľa toho, či bolo tvrdenie žalobcu dokázané alebo nie .

Príklad:

„SUDCA, ODSÚĎ NUMERIA NEGIDIA V PROSPECH AULA AGERIA NA DESAŤTISÍC SESTERCIÍ. AK NEVYJDE NAJAVO, OSLOBOĎ HO"; alebo táto: „SUDCA, ODSÚĎ NUMERIA NEGIDIA V PROSPECH AULA AGERIA NIE NA VIAC NEŽ DESAŤTISÍC, AK NEVYJDE NAJAVO, OSLOBOĎ HO", alebo táto: „SUDCA, ODSÚDENÝ NUMERIUS NEGIDIUS V PROSPECH A. AGERIA, bez pripojenia „NIE NA VIAC NEŽ DESAŤTISÍC".[138]

Formula mohla obsahovať okrem hlavných častí aj vedľajšie:[139]

1. *taxatio*,[140] ktorá sa pripájala ku *condemnatio* (*dumtaxat sestertium X milia condemna*)

2. *exceptio* – námietky slúžili na obranu tých, proti komu bola podaná žaloba.[141] Nazývali sa **peremptórne** alebo **dilatórne**. Rozdiel medzi nimi bol taký, že kým prvé platili vždy a nedalo sa im vyhnúť, dilatórne boli tie, ktoré platili len na určitý

---

[137] GAIUS. *Inst.* 4,42.
[138] GAIUS. *Inst.* 4,43; porov. SANFILIPPO, C. *Istituzioni di diritto romano.* 2002, s. 124 – 125.
[139] Porov. SANFILIPPO, C. *Istituzioni di diritto romano.* 2002, s. 125 – 127.
[140] GAIUS. *Inst.* 4,51.
[141] GAIUS. *Inst.* 4,114 – 116.

čas alebo tie z dohody, v ktorej sa dohodlo, že sa nebudú žiadať peniaze päť rokov. Peremptórne námietky boli námietky z dôvodného strachu, so zlým úmyslom, proti zákonu alebo proti uzneseniu senátu, z rozsúdenej veci alebo vznesenej veci, ako aj z dohodnutej zmluvy, ktorá zasiahla v tom zmysle, že peniaze sa viac nevymáhali.

3. *praescriptio* – slúžila na ochranu žalobcu.[142]

Okrem týchto častí formule uviedol aj **formule koncipované podľa práva** (*in ius*) a **podľa skutočnosti** (*in factum*).[143]

2.3.3.3 Procesné zastúpenie, záruky a tresty

V §§ 83 – 87 nasleduje výklad o **procesnom zastúpení.** Žalovalo sa buď **vlastným menom** alebo **cudzím menom** prostredníctvom kognitora, prokurátora poručníka alebo opatrovníka.

V §§ 88 – 102 Gaius písal o **procesných zárukách,** v ktorých prípadoch sa dávala a v ktorých nie. Ak žalovali niekoho vecnou žalobou, musel dávať záruku,[144] a to aj v prípade zastúpenia. Žalobca, ktorý žaloval vlastným menom alebo prostredníctvom kognitora vecnou žalobou, záruku nedával. Prokurátori, a aj poručníci a opatrovníci, ak žalovali, museli dávať záruku. Pri osobných žalobách, ak niekto vystupoval cudzím menom, musel dávať záruku. Ak podal žalobu vlastným

---

[142] GAIUS. *Inst.* 4,130 a nasl.
[143] GAIUS. *Inst.* 4,45 – 46.
[144] GAIUS. *Inst.* 4,89.

menom, dával záruku v prípadoch stanovených prétorom.
Nasleduje časť o **zániku žalôb**[145] a v §§ 138 – 170 rozsiahly výklad o **interdiktnom procese** a **interdiktoch** so základným delením na interdikty prohibitórne, reštitutórne a exhibitórne.

Ďalej pokračuje časť o **procesných trestoch**[146] a stručnou časťou o pozvaní na súd a o „vadimóniu"[147] Gaiova učebnica práva končí.[148]

V tejto kapitole sme videli niektoré klasifikácie a definície, pokladané za klasické, ktoré podal Gaius jednoduchým spôsobom. Základné delenie práva na *personae, res, actiones* sa stalo aj schémou pre túto kapitolu.[149]

---

[145] GAIUS. *Inst.* 4,103 – 114.
[146] GAIUS. *Inst.* 4,171 – 182.
[147] GAIUS. *Inst.* 4,182 –187.
[148] Porov. KINCL, J. Gaius a jeho učebnice práva. In: GAIUS. *Učebnice práva ve čtyřech knihách.* 2007, s. 26 – 27.
[149] Porov. AGNATI, U. «Persona iuris vocabulum». Per un'interpretazione giuridica di «persona» nelle opere di Gaius. In: *Rivista di Diritto Romano*, IX, 2009. [cit. 2018- 02- 26]. Dostupné na: <http://www.ledonline.it/rivistadiritto romano/allegati/dirittoromano09agnati.pdf>.

ZÁVER

V úvode sme si kládli otázky, kto vlastne bol Gaius, aké správy o ňom sa k nám dostali a čím je významné jeho dielo *Gai Institutionum commentarii quattuor* (Štyri komentáre Gaiových Inštitúcií).

Z analýzy diel uskutočnenej v tejto práci sme zistili, že Gaius bol veľkým rímskym právnikom, o ktorom vieme málo faktov, dokonca ani jeho celé meno história nepozná. Veľmi bežné rímske meno Gaius bolo jeho vlastným menom alebo *praenomen*. Jeho súčasníci ani právnici nasledujúcich dvoch storočí sa o ňom nezmieňovali, ale až v 5. storočí sa mu dostalo uznania, kedy bol zaradený v roku 425 do citačného zákona cisárov Teodózia II. a Valentiniána III. medzi päť právnických autorít. Jeho dielo sa stalo aj prameňom justiniánskych Inštitúcií a dochovali sa nám aj fragmenty jeho diela v Digestách.

Veľmi dôležitý bol objav Gaiových Inštitúcií v roku 1816 nemeckým historikom Bartholdom Georgom Niebuhrom vo veronskej kapitulskej knižnici. Rukopis obsahoval zmazaný text Gaiových Inštitúcií z 5. storočia pokrytý textom listov sv. Hieronyma. Prostredníctvom chemických prostriedkov sa objavil Gaiov text a znamenal pre súčasných odborníkov zdroj nových poznatkov.

Ďalej sme zistili, že sú rôzne názory či už na reálnu existenciu Gaia alebo na jeho prínos pre právnickú vedu, ktoré sú častokrát veľmi protikladné. Avšak z analýzy obsahu jeho diela sme skonštatovali, že podal jednoduchým a zrozumiteľným spôsobom mnohé klasifikácie, ktoré sa aj v súčasnosti považujú za klasické. Napríklad jednou z takých významných klasifikácií je klasické rozdelenie záväzkov na tie, ktoré vznikajú z kontraktu a tie, ktoré vznikajú z deliktu alebo rozdelenie vecí na telesné, ktorých sa dá dotknúť a netelesné, ktorých sa nedá dotknúť, alebo delenie žalôb na žaloby *in personam* a *in rem*. V úvode prvej knihy Inštitúcií podal rozdelenie práva na „prirodzené" alebo základné právo, ktoré je založené na prirodzených princípoch, a „civilné" čiže pozitívne právo založené na vôli zákonodarcu. Aj jeho systém *personae–res–actiones* pretrval po stáročia a môžeme ho objaviť takmer v mnohých moderných kodifikáciách. Mnohé príspevky, ktorými obohatil Gaius právnickú vedu, používame aj dnes, napríklad spomínané rozdelenie medzi kontraktom a deliktom alebo medzi žalobami *in rem* a *in personam*.

Gaius je slávny a jedinečný medzi právnikmi svojej doby kvôli jednej veci, a to, že sa pri mnohých príležitostiach neodvoláva na jednotlivých právnikov, ale na názor sabiniánskej alebo prokuliánskej školy.

V budúcnosti by bolo veľmi žiadúce vyhotoviť slovenský preklad tohto diela a venovať sa hlbšie osobe právnika Gaia a jeho Inštitúciám.

ZOZNAM POUŽITÝCH PRAMEŇOV A LITERATÚRY

PRAMENE:

BRIGUGLIO, F. 2012. *Gai codex rescriptus in Bibliotheca Capitulari Ecclesiae Cathedralis Veronensis Photographice iterum*. Firenze : Leo S. Olschi, 2012. 324 s. ISBN 978-88-222-6172-4.

DE ZULUETA, F. *Supplements to the Institutes of Gaius*. Oxford : Clarendon Press, 1935.

GAIUS. *Učebnice práva ve čtyřech knihách*. [preklad Jaromír Kincl]. Plzeň : Aleš Čeněk, 2007. 326 s. ISBN 9978-80-7380-054-3.

GAIUS. *Gai Institutiones or Institutes of Roman Law by Gaius*. With a Translation and Commentary by the late Edward Poste, M.A. Fourth edition, revised and enlarged by E.A. Whittuck, M.A. B.C.L., with an historical introduction by A.H.J. Greenidge, D.Litt. Oxford : Clarendon Press, 1904. [cit. 2018-03-11]. Dostupné na: <http://oll.libertyfund.org/titles/1154>.

GAIUS – POLENAAR, B. J. – KRUEGER, P. – STUDEMUND, W. *Syntagma institutionum novum: Gai institutiones iuris civilis rom.* Lugduni Batavorum : Brill, 1876.

GNEIST, R. – GAIUS – ULPIAN – PAULUS JULIUS. *Institutionum et regularum iuris romani syntagma, exhibens Gai et Iustiniani Institutionum synopsin, Ulpiani librum singularem regularum, Pauli Sententiarum libros quinque, tabulas systema institutionum iuris romani illustrantes, praemissis Duodecim tabularum fragmentis, edidit et brevi annotatione instruxit Rudolphus Gneist.* Editio altera aucta emendata.1816 – 1895, Lipsiae, in aedibus B. G. Teubneri, 1880.

KRÜGER, P. – STUDEMUND, G. (ed.). *Collectio librorum juris antejustiniani. Tomus Primus. Gai Institutiones: ad codicis Veronensis apographum Studemundianum novis curis auctum, in usum scholarum.* G. Berolini : Apud Weidmannos, 1900.

LITERATÚRA:

AGNATI, U. 2009. «Persona iuris vocabulum». Per un'interpretazione giuridica di «persona» nelle opere di Gaius. In: *Rivista di Diritto Romano*. 2009, IX. [cit. 2018-02-26]. Dostupné na: <http://www.ledonline.it/rivistadirittoromano/allega ti/dirittoromano09agnati.pdf>.
ARANGIO-RUIZ, V.1966. *Storia del diritto romano*. Napoli Casa Editrice Eugenio Jovene, 1966.
BLAHO, P. – HARAMIA, I. – ŽIDLICKÁ, M. 1997. *Základy rímskeho práva*. Bratislava : Manz a Vydavateľské oddelenie Právnickej fakulty UK, 1997.
KUNDEREWICZ, C. 1982. Wstep. In: GAIUS: *Instytucje* (prel.

C.Kunderewicz), Warszawa : Państwowe Wydawnictwo Naukowe, 1982.

BONFANTE, P.1928. *Histoire du droit romain*. Paris : Librairie du recueil Sirey, 1928.

CONTE, G. B. 1987. *Letteratura latina: Manuale storico dalle origini alla fine dell'Impero romano*. Firenze : Le Monnier, 1987. 657 s. ISBN 88-00-42109-1.

COPPOLA, G. 2006. *Scritti papirologici e filologici*. A cura di MARAGLINO, V. – prefazione di CANFORA, L. Bari: Edizioni Dedalo, 2006. 352 s. ISBN 88-220-5811-9.

DE SAVIGNY, F. C. 1857. *La vocazione del nostro secolo per la legislazione e la giurisprudenza*. Verona : Libreria alla Minerva Editrice, 1857.

DIÓSDI, G. 1981. *Contracts in Roman Law: From the twelve tables to the glossators*. Budapest : Akadémiai Kiadó, 1981. 229 s. ISBN 963-05-2456-2.

Diritto e azione nell'esperienza giuridica romana. Collana della Rivista di Diritto Romano. PROVERA, G. *Scritti giuridici*. [cit. 2018-02-26]. Dostupné na: <http://www.ledonline.it/rivistadirittoromano/scrittiprovera.html>.

Dizionario storico-giuridico romano. [on-line] [cit. 2018-02-26]. Dostupné na: <http://www.simone.it/newdiz/newdiz.php?action=view&dizionario=3&id=2568>.

FRONC, G. 2005. *Teológia a filozofia človeka ako osoby*. In: RAN (Radosť a nádej), roč. 8, 2005, č. 1. s. 96 – 105. ISSN 1333-3543. [cit. 2018-02-26]. Dostupné na: <http://www.uski.sk/frm_2009/ran/2005/ran-2005-1-09.pdf>.

FUENTESECA, M.: *Iudicia privata: storia e forme*: Skriptá. [cit.

2012- 02- 26]. Dostupné na: <http://ebookbrowse.com/fuente seca-lezioni-i-e-ii-pdf-d65205523>.

DE BIASIO, G . – FOGLIA, A. – GARRÉ, R. – MANETTI, S. (ed.) 2004. *Un inquieto ricercare: Scritti offerti a Pio Caroni.* Bellinzona : Edizioni Casagrande SA, 2004. 459 s. ISBN 88-7713-415-1.

GIOMARO, A. M. 1995. *Spunti per una lettura critica di Gaius Institutiones.* Vol. II. Urbino : Quattro venti, 1995.

GROSSO, G. 2001. Corso di diritto romano. Le cose. Con una «nota di lettura» di Filippo Gallo. In: *Rivista di Diritto Romano.* 2001, I. [cit. 2018-02-26]. Dostupné na: <http://www.ledonline.it/rivistadirittoromano/allegati/dirittor omano0102grosso.pdf>.

HONORÉ, A. M. 1962. *Gaius: A Biography.* Oxford: Oxford University Press, 1962, XVIII, 183 s.

HONORÉ, T.: Gaius (2), Roman jurist. *Oxford Classical Dictionary.* [cit. 2018-03-05]. Dostupné na: <http://classics.oxfordre.com/view/10.1093/acrefore/9780199 381135.001.0001/acrefore-9780199381135-e-2773>.

HONORÉ, T. 1978. *Tribonian.* London : Duckworth & Co, 1978.

KELLY, D. R. 1979. Gaius noster – Substructure of Western Social Thought. In: *The American Historical Review.* Vol. 84. n. 3, Oxford University Press, 1979, s. 609-648.

KINCL, J. 2007. Gaius a jeho učebnice práva. In: GAIUS: *Učebnice práva ve čtyřech knihách.* [preklad Jaromír Kincl] Plzeň : Aleš Čeněk, 2007.

KOL. AUTOROV. 1987 – 1997. *Krátky slovník slovenského jazyka.* Jazykovedný ústav Ľudovíta Štúra SAV, 1987 – 1997.

[elektronická verzia].

KRÜGER, P. 1912. *Geschichte der Quellen des römischen Rechts*. 2nd ed. Leipzig, 1912.

MAININO, G. 2010. Le matrici retoriche del «proemium» delle Istituzioni di Gaius. In: *Rivista di Diritto Romano*. 2010, X. [cit. 2018- 02- 26]. Dostupné na: <http://www.ledonline.it/riv istadirittoromano/allegati/dirittoromano10Mainino.pdf>.

NELSON, H. L. W. 1981. *Überlieferung, Aufbau und Stil von Gai Institutiones*. Leiden : Brill, 1981. 487 s. ISBN 90-04-06306-4.

PURPURA, G. 2006. Un percorso di ricerca, Tavola rotonda 'Gaio ritrovato: le „pagine scomparse" nel Codice Veronese delle *Institutiones*', Bologna, 20 giugno 2006, *Minima Epigraphica Et Papyrologica* (MEP), X, 12, 2007 (pubbl. 2008). [cit. 2018-02-26]. Dostupné na: <http://www.unipa.it/dipstdir/portale/ARTICOLI%20PURPU RA/Un%20percorso%20di%20ricerca%20Seminario%20Gai o%20Bologna.doc>.

ROBBE, U. 1966. *Gaio nel suo tempo. Atti del simposio romanistico*. Napoli : Jovene, 1966.

ROZWADOWSKI, W. 2003. Gaius i jego dzielo. In: *Gai, Istitutiones. Instytucje Gaiusa – Tekst i przekład*. [Preklad] Opracowanie z języka łacińskiego przełożył, wstępem i uwagami opatrzył Władysław Rozwadowski. Poznań: Ars boni et aequi, 2003. 206 s. ISBN 83-87148-57-1.

SANFILIPPO, C. 2002. *Istituzioni di diritto romano*. X edizione. Soveria Manelli (Catanzaro) : Rubbettino, 2002. 424 s. ISBN 88-498-0412-1.

SEAGLE, W. 1947. *Men of Law: From Hammurabi to Holmes, „Gaius."* New York: Macmillan Company, 1947.

SCHULZ, F. 1954. *Classical Roman Law.* Oxford : Clarendon Press, 1954.

SCHULZ, F. 1953. *History of Roman Legal Science.* Oxford : Clarendon Press, 1953.

SKŘEJPEK, M. 2007. Úvodem. In: GAIUS: *Učebnice práva ve čtyřech knihách.* [preklad Jaromír Kincl]. Plzeň : Aleš Čeněk, 2007.

SMITH, W. 1848. *Dictionary of Greek and Roman Antiquities.* London, 1848.

STANOJEVIĆ, O. 1997. Gaius and Pomponius: Notes on David Pugsley. In: *Revue internationale des droits de l'antiquité.* 3ᵉ Série, Tome XLIV, 1997. [cit. 2018-02-26]. Dostupné na: <http://local.droit.ulg.ac.be/sa/rida/file/1997/sta nojevic.pdf>.

STROUX, J. 1934. *Griechische Einflüsse auf die Entwicklung der römischen Rechtswissenschaft gegen Ende der republikanischen Zeit.* ACI Roma l, 1934.

TALAMANCA, M. 1977. Lo schema 'genus-species' nelle sistematiche dei giuristi romani. In: *La filosofia greca e il diritto romano. Colloquio italo-francese. (Roma, 14 – 17 aprile 1973).* Vol. II. Roma : Accademia Nazionale dei Lincei, 1977.

The life and the letters of Barthold George Niebuhr with essays on his character and influence. By The Chevalier Bunsen, Professors Brandis and Loebell. New York : Harper and Brothers, 1852.

VANO, C. 2000. „*Il nostro autentico Gaius*": *Strategie della scuola storica alle origini della romanistica moderna.* Napoli : Editoriale scientifica, 2000. 409 s. ISBN 978-88-872-9376-0.

VARVARO, M. 2014. La revisione del palinsesto veronese delle Istituzioni di Gaio e le schede di Bluhme. Estratto dagli Annali del seminario giuridico dell'università degli studi di Palermo, volume LVII. Torino : G. Giapiccheli, 2014, s. 387 – 438. [cit. 2018- 03- 05]. Dostupné na: <http://www1.unipa.it/~dips tdir/pub/annali/ANNALI%202014/Varvaro_Gaio.pdf>.

ZABŁOCKA, M. 1999. Czy w okresie renesansu znano Instytucje Gaiusa? In: *Studia iuridica* 37, 1999, s. 183 - 190. Warszawa : Wydawnictwa Uniwersytetu Warszawskiego. ISSN 0137-4346.

Klaudia Kuchtová
Zhodnotenie a význam Gaiových Inštitúcií

Vydané vlastným nákladom v USA v roku 2018
Tlač a distribúcia: Lulu Press, Inc.
627 Davis Drive
Suite 300
27560 Morrisville, North Carolina
United States of America
www.lulu.com

Prvé vydanie
Počet strán: 60

ISBN | 978-0-244-67168-6

www.ingramcontent.com/pod-product-compliance
Lightning Source LLC
Chambersburg PA
CBHW070135210526
45170CB00013B/1077